One Line a Day

5 Year Memory Book

for Kids

This Book Belongs To:

_____

How To Use This Journal

Journaling is a simple way to express creativity and emotions without judgement, and helping your children to get into the habit of keeping a journal is a beautiful way of helping them get to know themselves better.

One Line a Day Journals are especially exciting for children because change happens so quickly in young lives and it's inspiring to watch them grow through their lives.

As a parent, you may have to help them in their first few years, but as the habit for journaling takes hold and their writing abilities develop, they'll be using this journal for their own private thoughts sooner than you'll expect!

Each page is dedicated to one day of the year, for 5 consecutive years. There is space for only one short entry per day, giving children the task of choosing what is the most important part of their day to record in their memory book, without making it a writing chore.

Start a family tradition by getting a One Line a Day journal for every member of your family!

Sample Example

2015 — I love my mom and dad and Brutus my dog a lot.

2016 — I made a new friend at school today her name is Sarah with an h and she is from England.

2017 — Math is my favorite subject. It is hard but there is only ever one right answer, which I like.

2018 — I don't know what I was thinking last year. I hate math! It's so hard and confusing and who needs it anyways?

2019 — We have a transfer student this year who is deaf. It's so cool! We started learning how to speak sign language. He's a bit cute.

January 01

2020

2021

2022

2023

2024

January 02

2020

2021

2022

2023

2024

January 03

2020

2021

2022

2023

2024

January 04

2020

2021

2022

2023

2024

January 05

2020

2021

2022

2023

2024

January 06

2020

2021

2022

2023

2024

January 07

2020

2021

2022

2023

2024

January 08

2020

2021

2022

2023

2024

January 09

2020

2021

2022

2023

2024

January 10

2020

2021

2022

2023

2024

January 11

January 12

2020

2021

2022

2023

2024

January 13

2020

2021

2022

2023

2024

January 14

2020

2021

2022

2023

2024

January 15

January 16

2020

2021

2022

2023

2024

January 17

2020

2021

2022

2023

2024

January 18

2020

2021

2022

2023

2024

January 19

2020

2021

2022

2023

2024

January 20

2020

2021

2022

2023

2024

January 21

2020

2021

2022

2023

2024

January 22

January 23

2020

2021

2022

2023

2024

January 24

2020

2021

2022

2023

2024

January 25

2020

2021

2022

2023

2024

January 26

2020

2021

2022

2023

2024

January 27

2020

2021

2022

2023

2024

January 28

2020

2021

2022

2023

2024

January 29

2020

2021

2022

2023

2024

January 30

2020

2021

2022

2023

2024

January 31

2020

2021

2022

2023

2024

February 01

2020

2021

2022

2023

2024

February 02

2020

2021

2022

2023

2024

February 03

2020

2021

2022

2023

2024

February 04

February 05

2020

2021

2022

2023

2024

February 06

2020

2021

2022

2023

2024

February 07

2020

2021

2022

2023

2024

February 08

2020

2021

2022

2023

2024

February 09

2020

2021

2022

2023

2024

February 10

2020

2021

2022

2023

2024

February 11

2020

2021

2022

2023

2024

February 12

2020

2021

2022

2023

2024

February 13

2020

2021

2022

2023

2024

February 14

2020

2021

2022

2023

2024

February 15

2020

2021

2022

2023

2024

February 16

2020

2021

2022

2023

2024

February 17

2020

2021

2022

2023

2024

February 18

2020

2021

2022

2023

2024

February 19

2020

2021

2022

2023

2024

February 20

2020

2021

2022

2023

2024

February 21

2020

2021

2022

2023

2024

February 22

2020

2021

2022

2023

2024

February 23

2020

2021

2022

2023

2024

February 24

2020

2021

2022

2023

2024

February 25

2020

2021

2022

2023

2024

February 26

2020

2021

2022

2023

2024

February 27

2020

2021

2022

2023

2024

February 28

2020

2021

2022

2023

2024

February 29

2020

2021

2022

2023

2024

March 01

2020

2021

2022

2023

2024

March 02

March 03

2020

2021

2022

2023

2024

March 04

2020

2021

2022

2023

2024

March 05

2020

2021

2022

2023

2024

March 06

2020

2021

2022

2023

2024

March 07

2020

2021

2022

2023

2024

March 08

2020

2021

2022

2023

2024

March 09

2020

2021

2022

2023

2024

March 10

2020

2021

2022

2023

2024

March 11

2020

2021

2022

2023

2024

March 12

2020

2021

2022

2023

2024

March 13

2020

2021

2022

2023

2024

March 14

2020

2021

2022

2023

2024

March 15

2020

2021

2022

2023

2024

March 16

2020

2021

2022

2023

2024

March 17

2020

2021

2022

2023

2024

March 18

2020

2021

2022

2023

2024

March 19

2020

2021

2022

2023

2024

March 20

2020

2021

2022

2023

2024

March 21

2020

2021

2022

2023

2024

March 22

2020

2021

2022

2023

2024

March 23

2020

2021

2022

2023

2024

March 24

2020

2021

2022

2023

2024

March 25

2020

2021

2022

2023

2024

March 26

2020

2021

2022

2023

2024

March 27

2020

2021

2022

2023

2024

March 28

2020

2021

2022

2023

2024

March 29

2020

2021

2022

2023

2024

March 30

2020

2021

2022

2023

2024

March 31

2020

2021

2022

2023

2024

April 01

2020

2021

2022

2023

2024

April 02

2020

2021

2022

2023

2024

April 03

2020

2021

2022

2023

2024

April 04

2020

2021

2022

2023

2024

April 05

2020

2021

2022

2023

2024

April 06

2020

2021

2022

2023

2024

April 07

2020

2021

2022

2023

2024

April 08

2020

2021

2022

2023

2024

April 09

2020

2021

2022

2023

2024

April 10

2020

2021

2022

2023

2024

APRIL 11

2020

2021

2022

2023

2024

April 12

2020

2021

2022

2023

2024

April 13

2020

2021

2022

2023

2024

April 14

2020

2021

2022

2023

2024

April 15

2020

2021

2022

2023

2024

April 16

2020

2021

2022

2023

2024

April 17

2020

2021

2022

2023

2024

April 18

2020

2021

2022

2023

2024

April 19

2020

2021

2022

2023

2024

April 20

2020

2021

2022

2023

2024

April 21

2020

2021

2022

2023

2024

April 22

2020

2021

2022

2023

2024

April 23

2020

2021

2022

2023

2024

April 24

2020

2021

2022

2023

2024

April 25

2020

2021

2022

2023

2024

April 26

2020

2021

2022

2023

2024

April 27

2020

2021

2022

2023

2024

April 28

2020

2021

2022

2023

2024

April 29

2020

2021

2022

2023

2024

April 30

2020

2021

2022

2023

2024

MAY 01

2020

2021

2022

2023

2024

MAY 02

2020

2021

2022

2023

2024

MAY 03

2020

2021

2022

2023

2024

May 04

2020

2021

2022

2023

2024

May 05

2020

2021

2022

2023

2024

MAY 06

2020

2021

2022

2023

2024

MaY 07

2020

2021

2022

2023

2024

May 08

2020

2021

2022

2023

2024

MAY 09

MAY 10

2020

2021

2022

2023

2024

May 11

2020

2021

2022

2023

2024

MAY 12

2020

2021

2022

2023

2024

May 13

2020

2021

2022

2023

2024

May 14

2020

2021

2022

2023

2024

May 15

2020

2021

2022

2023

2024

May 16

2020

2021

2022

2023

2024

May 17

2020

2021

2022

2023

2024

May 18

2020

2021

2022

2023

2024

MAY 19

2020

2021

2022

2023

2024

May 20

2020

2021

2022

2023

2024

May 21

2020

2021

2022

2023

2024

May 22

2020

2021

2022

2023

2024

May 23

2020

2021

2022

2023

2024

May 24

2020

2021

2022

2023

2024

MaY 25

2020

2021

2022

2023

2024

May 26

2020

2021

2022

2023

2024

May 27

2020

2021

2022

2023

2024

May 28

2020

2021

2022

2023

2024

May 29

2020

2021

2022

2023

2024

May 30

2020

2021

2022

2023

2024

May 31

2020

2021

2022

2023

2024

June 01

2020

2021

2022

2023

2024

June 02

2020

2021

2022

2023

2024

June 03

2020

2021

2022

2023

2024

June 04

2020

2021

2022

2023

2024

June 05

2020

2021

2022

2023

2024

June 06

2020

2021

2022

2023

2024

June 07

June 08

2020

2021

2022

2023

2024

June 09

2020

2021

2022

2023

2024

June 10

2020

2021

2022

2023

2024

June 11

2020

2021

2022

2023

2024

June 12

2020

2021

2022

2023

2024

June 13

2020

2021

2022

2023

2024

June 14

2020

2021

2022

2023

2024

June 15

2020

2021

2022

2023

2024

June 16

2020

2021

2022

2023

2024

June 17

2020

2021

2022

2023

2024

June 18

2020

2021

2022

2023

2024

June 19

2020

2021

2022

2023

2024

June 20

2020

2021

2022

2023

2024

June 21

2020

2021

2022

2023

2024

June 22

2020

2021

2022

2023

2024

June 23

2020

2021

2022

2023

2024

June 24

2020

2021

2022

2023

2024

June 25

2020

2021

2022

2023

2024

June 26

2020

2021

2022

2023

2024

June 27

2020

2021

2022

2023

2024

June 28

2020

2021

2022

2023

2024

June 29

2020

2021

2022

2023

2024

June 30

2020

2021

2022

2023

2024

JULY 01

2020

2021

2022

2023

2024

JULY 02

2020

2021

2022

2023

2024

JULY 03

2020

2021

2022

2023

2024

JULY 04

2020

2021

2022

2023

2024

JULY 05

2020

2021

2022

2023

2024

JULY 06

2020

2021

2022

2023

2024

JULY 07

2020

2021

2022

2023

2024

JULY 08

2020

2021

2022

2023

2024

JULY 09

2020

2021

2022

2023

2024

JULY 10

2020

2021

2022

2023

2024

JULY 11

2020

2021

2022

2023

2024

JULY 12

2020

2021

2022

2023

2024

JULY 13

2020

2021

2022

2023

2024

JULY 14

2020

2021

2022

2023

2024

JULY 15

2020

2021

2022

2023

2024

JULY 16

2020

2021

2022

2023

2024

JULY 17

2020

2021

2022

2023

2024

JULY 18

2020

2021

2022

2023

2024

JULY 19

2020

2021

2022

2023

2024

JULY 20

2020

2021

2022

2023

2024

JULY 21

2020

2021

2022

2023

2024

JULY 22

2020

2021

2022

2023

2024

JULY 23

2020

2021

2022

2023

2024

JULY 24

2020

2021

2022

2023

2024

JULY 25

2020

2021

2022

2023

2024

JULY 26

2020

2021

2022

2023

2024

JULY 27

2020

2021

2022

2023

2024

JULY 28

2020

2021

2022

2023

2024

JULY 29

2020

2021

2022

2023

2024

JULY 30

2020

2021

2022

2023

2024

JULY 31

2020

2021

2022

2023

2024

August 01

2020

2021

2022

2023

2024

August 02

2020

2021

2022

2023

2024

August 03

2020

2021

2022

2023

2024

August 04

August 05

2020

2021

2022

2023

2024

August 06

2020

2021

2022

2023

2024

August 07

2020

2021

2022

2023

2024

August 08

2020

2021

2022

2023

2024

August 09

2020

2021

2022

2023

2024

August 10

2020

2021

2022

2023

2024

August 11

2020

2021

2022

2023

2024

August 12

2020

2021

2022

2023

2024

August 13

August 14

2020

2021

2022

2023

2024

August 15

2020

2021

2022

2023

2024

August 16

2020

2021

2022

2023

2024

August 17

2020

2021

2022

2023

2024

August 18

2020

2021

2022

2023

2024

August 19

2020

2021

2022

2023

2024

August 20

2020

2021

2022

2023

2024

August 21

2020

2021

2022

2023

2024

August 22

2020

2021

2022

2023

2024

August 23

2020

2021

2022

2023

2024

August 24

2020

2021

2022

2023

2024

August 25

2020

2021

2022

2023

2024

August 26

2020

2021

2022

2023

2024

August 27

2020

2021

2022

2023

2024

August 28

2020

2021

2022

2023

2024

August 29

2020

2021

2022

2023

2024

August 30

2020

2021

2022

2023

2024

August 31

2020

2021

2022

2023

2024

september 01

2020

2021

2022

2023

2024

september 02

2020

2021

2022

2023

2024

september 03

2020

2021

2022

2023

2024

september 04

2020

2021

2022

2023

2024

september 05

2020

2021

2022

2023

2024

september 06

2020

2021

2022

2023

2024

september 07

2020

2021

2022

2023

2024

september 08

2020

2021

2022

2023

2024

september 09

2020

2021

2022

2023

2024

september 10

2020

2021

2022

2023

2024

september 11

2020

2021

2022

2023

2024

september 12

2020

2021

2022

2023

2024

september 13

2020

2021

2022

2023

2024

september 14

september 15

2020

2021

2022

2023

2024

september 16

2020

2021

2022

2023

2024

september 17

2020

2021

2022

2023

2024

september 18

2020

2021

2022

2023

2024

september 19

2020

2021

2022

2023

2024

september 20

2020

2021

2022

2023

2024

september 21

2020

2021

2022

2023

2024

september 22

2020

2021

2022

2023

2024

september 23

2020

2021

2022

2023

2024

september 24

2020

2021

2022

2023

2024

september 25

2020

2021

2022

2023

2024

september 26

2020

2021

2022

2023

2024

september 27

2020

2021

2022

2023

2024

september 28

2020

2021

2022

2023

2024

september 29

2020

2021

2022

2023

2024

september 30

2020

2021

2022

2023

2024

october 01

2020

2021

2022

2023

2024

october 02

2020

2021

2022

2023

2024

october 03

2020

2021

2022

2023

2024

october 04

2020

2021

2022

2023

2024

october 05

2020

2021

2022

2023

2024

october 06

2020

2021

2022

2023

2024

october 07

2020

2021

2022

2023

2024

october 08

2020

2021

2022

2023

2024

october 09

2020

2021

2022

2023

2024

october 10

2020

2021

2022

2023

2024

october 11

2020

2021

2022

2023

2024

october 12

2020

2021

2022

2023

2024

october 13

2020

2021

2022

2023

2024

october 14

2020

2021

2022

2023

2024

october 15

2020

2021

2022

2023

2024

october 16

2020

2021

2022

2023

2024

october 17

2020

2021

2022

2023

2024

october 18

2020

2021

2022

2023

2024

october 19

2020

2021

2022

2023

2024

october 20

2020

2021

2022

2023

2024

october 21

2020

2021

2022

2023

2024

october 22

2020

2021

2022

2023

2024

october 23

2020

2021

2022

2023

2024

october 24

2020

2021

2022

2023

2024

october 25

2020

2021

2022

2023

2024

october 26

2020

2021

2022

2023

2024

october 27

2020

2021

2022

2023

2024

october 28

2020

2021

2022

2023

2024

october 29

2020

2021

2022

2023

2024

october 30

october 31

2020

2021

2022

2023

2024

November 01

2020

2021

2022

2023

2024

November 02

2020

2021

2022

2023

2024

November 03

2020

2021

2022

2023

2024

November 04

2020

2021

2022

2023

2024

November 05

2020

2021

2022

2023

2024

November 06

2020

2021

2022

2023

2024

November 07

2020

2021

2022

2023

2024

November 08

2020

2021

2022

2023

2024

November 09

2020

2021

2022

2023

2024

November 10

2020

2021

2022

2023

2024

November 11

2020

2021

2022

2023

2024

November 12

2020

2021

2022

2023

2024

November 13

2020

2021

2022

2023

2024

November 14

2020

2021

2022

2023

2024

November 15

2020

2021

2022

2023

2024

November 16

2020

2021

2022

2023

2024

November 17

2020

2021

2022

2023

2024

November 18

2020

2021

2022

2023

2024

November 19

2020

2021

2022

2023

2024

November 20

2020

2021

2022

2023

2024

November 21

2020

2021

2022

2023

2024

November 22

2020

2021

2022

2023

2024

November 23

2020

2021

2022

2023

2024

November 24

2020

2021

2022

2023

2024

November 25

2020

2021

2022

2023

2024

November 26

2020

2021

2022

2023

2024

November 27

2020

2021

2022

2023

2024

November 28

2020

2021

2022

2023

2024

November 29

2020

2021

2022

2023

2024

November 30

2020

2021

2022

2023

2024

December 01

2020

2021

2022

2023

2024

December 02

2020

2021

2022

2023

2024

December 03

2020

2021

2022

2023

2024

December 04

2020

2021

2022

2023

2024

December 05

2020

2021

2022

2023

2024

December 06

2020

2021

2022

2023

2024

December 07

2020

2021

2022

2023

2024

December 08

2020

2021

2022

2023

2024

December 09

2020

2021

2022

2023

2024

December 10

2020

2021

2022

2023

2024

December 11

2020

2021

2022

2023

2024

December 12

2020

2021

2022

2023

2024

December 13

2020

2021

2022

2023

2024

December 14

2020

2021

2022

2023

2024

December 15

2020

2021

2022

2023

2024

December 16

2020

2021

2022

2023

2024

December 17

2020

2021

2022

2023

2024

December 18

2020

2021

2022

2023

2024

December 19

2020

2021

2022

2023

2024

December 20

2020

2021

2022

2023

2024

December 21

2020

2021

2022

2023

2024

December 22

2020

2021

2022

2023

2024

December 23

2020

2021

2022

2023

2024

December 24

2020

2021

2022

2023

2024

December 25

2020

2021

2022

2023

2024

December 26

2020

2021

2022

2023

2024

December 27

2020

2021

2022

2023

2024

December 28

2020

2021

2022

2023

2024

December 29

2020

2021

2022

2023

2024

December 30

2020

2021

2022

2023

2024

December 31

2020

2021

2022

2023

2024

December

Happy New Year!

Made in the USA
Middletown, DE
27 November 2024

65581098R00205